Fischertopf & andere Küstlichkeiten

Vorwort Norbert Pilarcyk
Satz: Lichtsatz Wandsbek,
Hamburg
Lithografie: Cleeves, Hamburg
Gesamtherstellung:
Clausen & Bosse, Leck
Printed in Germany

ISBN 3-88141-551-3

Maren Schaffner

REZEPTE VON DER WATERKANT FÜR KÜCHE & KOMBÜSE

FISCHERTOPF & *andere* KÖSTLICHKEITEN

Heye

Ein Rezeptbuch, das nicht nur Gaumen-, sondern auch Augenschmaus bietet.
Zur Sache: Haben Sie Lust auf einen kleinen Spaziergang? Auch wenn Sie sich gegen Wind und Wetter wappnen müssen und die Gummistiefel nicht vergessen dürfen? Ja? Dann kommen Sie mit in das Land, wo der Boden blinzelt, wenn die Sonne scheint, und sich melancholisch ausbreitet, wenn es regnet. Wo der Himmel die Erde umarmt.
Wo die Kühe so zahlreich sind wie die Tausender in der Tasche des Millionärs und die Bäume so spärlich wie die Pfennige im Beutel des Armen. Wo selbst „Pharisäer" als wohltuend empfunden werden und die Seele sich schneuzen kann. Ein widerborstiges Land – so wie widerborstige Literatur, die sich vielleicht erst beim zweiten Lesen erschließt und dann zur dauernden, unverbrüchlichen Liebe wird: So ist die Marsch hinter den Deichen an unserer Küste.
Hier in diesem Landstrich sind die Rezepte zu Hause, die Sie auf den nächsten Seiten antreffen werden: Es sind deftige und einfache Rezepte, raffinierte und kapriziöse, alte und neue, wenig oder viel Aufwand benötigende. Auf jeden Fall sättigende, eben wie die Menschen sie „achtern Dieck" lieben. Sie werden beim Lesen (Vorsicht! Die Rezepttitel stehen auf Glatteis.) oder beim Nachkochen schnell feststellen, daß bei manchem Rezept die Zutaten ein wenig über den Daumen gepeilt sind. Nicht weil die „Köchin" es nicht besser gewußt hat, sondern weil sie gerade hier Ihrer lukullischen Phantasie und

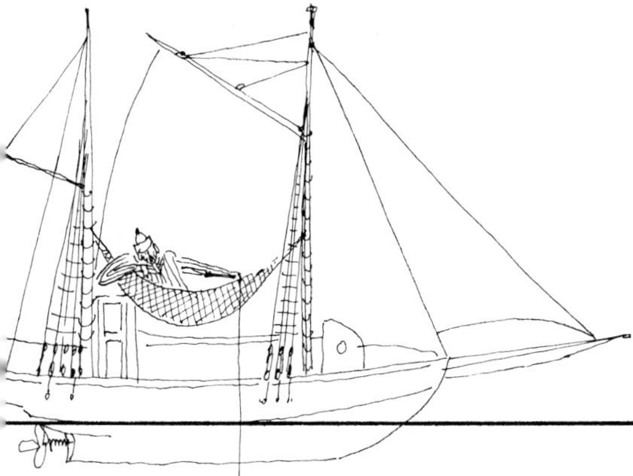

Ihrem Gaumengeschmack keine Zügel anlegen wollte.

Und noch zwei Anmerkungen. Die erste, zugleich ein Trost: Die Tiefkühlindustrie ist heute in der Lage, überallhin fangfrischen Fisch zu liefern, so daß auch Alpenländler dieses Büchlein nutzen können.
Die zweite, bestehend aus einer Frage und einer Antwort: Was trinkt man zu diesen Gerichten? Ein Bier (ein herbes Pils) paßt allemal – und dazu ein eisgekühlter Aquavit (es dürfen auch zwei sein). Ebenfalls trockene Weißweine eignen sich vorzüglich, am besten französische: ein edler Meursault oder ein exzellenter Pouilly-Fuissé aus Burgund, ein Pouilly Fumé von der Loire, ein einfacher Muscadet aus der Charente oder ein Riesling aus dem Elsaß.

MIESMUSCHELN À LA AUGUST IPSE

Miesmuschelzeit ist in allen „R"-Monaten. Die Muscheln (1 Pfund pro Person) op See, frisch geerntet, in Meerwasser, an Land in gesalzenem Süßwasser kochen, bis sich die Schalen öffnen. Das Kochwasser durch ein feines Sieb oder – noch besser – ein Leinentuch geben.

Für die Soße nimmt man

2 Stangen Lauch
5 Zehen Knoblauch
2 Pfund Tomaten
1/2 Pfund Zwiebeln

Fein schneiden und dünsten, abschmecken mit Basilikum, Oregano, Lorbeer, Salz und Pfeffer.
Mit 1/2 Liter Kochwasser auffüllen. Die offenen Muscheln werden mit der Gemüsesoße übergossen, und jeder ißt per Hand und Muschelschale.

Dazu schmecken Wein und Knoblauchbrot.

GUST

Kabeljau mit Kapitänspatent

Einen großen Kabeljau – pro Person etwa 1 Pfund – säubern, säuern und salzen.

In die Bauchöffnung als Füllung 1 Zwiebel, Petersilie, Estragon und Zitronenmelisse geben. Den Fisch in Schwimmhaltung – Bauch nach unten – auf das gefettete Blech (möglichst mit hohem Rand) legen. Mit Frühstücksspeckstreifen belegen und mit Senf bestreichen. Das Blech in den auf 250 ° vorgeheizten Ofen schieben.

Wenn sich die Kapitänsstreifen – der Speck – krümmen, begießt man den Käpt'n mit etwa $1/4$ bis $1/2$ Liter saurer Sahne. Den Fisch mit Tomaten umlegen, wieder in den Ofen schieben.

Inzwischen kleingeschnittene Champignons mit wenig Fett ausbraten, mit schwarzem Pfeffer und Rosmarin würzen und ebenfalls auf das Fischblech geben.

Das Kapitänspatent ist perfekt nach dem Abschmecken mit einer Prise Zucker und einem Achtel Liter herben Weißwein.

Wie alle Fische ist auch dieser Kapitän gar, wenn sich das Fleisch von der großen Rückengräte löst. Man nimmt zum Probieren sehr vorsichtig ein Messer oder eine Gabel und schiebt von oben das Fischfleisch von der Gräte ab. Ist es noch fest oder rosa, zurück in den Ofen.

Als Beilage eignen sich Salzkartoffeln und Weißbrot. Dazu gibt es ein Pilsener Bier oder einen trockenen Französischen Weißwein.

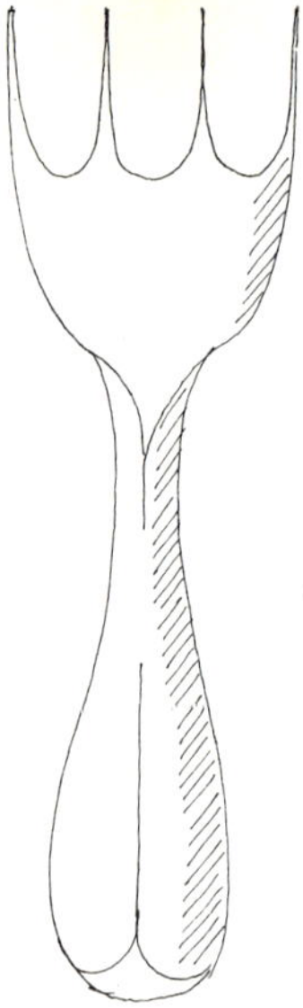

BEHÄMMERTE KREBSSCHEREN

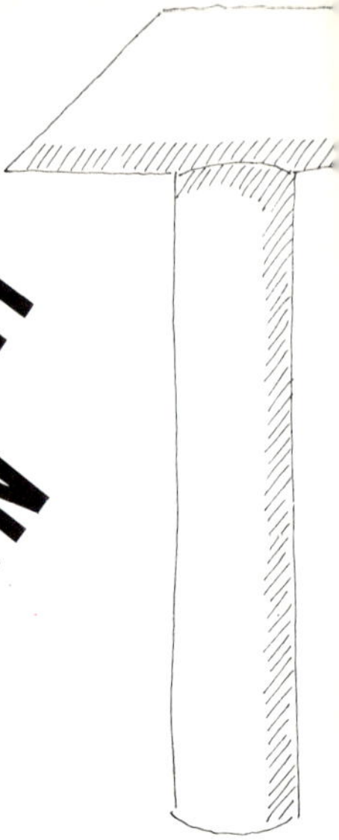

Krebsscheren bekommt man seltener in Fischgeschäften, dafür aber überall dort, wo Fischkutter direkt verkaufen – Hamburg, Glücksstadt, Cuxhaven.

Pro Person rechnet man 1 Pfund Krebsscheren.

In einem großen Topf viel Wasser mit Salz und Kräutern zum Kochen bringen. Die Scheren hineingeben und 20 Minuten köcheln lassen. Südlich der platten Sprachgrenze läßt man das Ganze sieden oder – sein. Die Krebsscheren abgießen und trocken abkühlen lassen.

Serviervorschlag pro Person:
1 Hammer für die Scheren, 1 Holzbrett zum Hämmern,
1 Kuchengabel zum Pulen

Sollte ein Gastgeber nicht so behämmert sein, alle Gäste zu versorgen, empfiehlt es sich, jeden seinen eigenen Hammer mitbringen zu lassen. In Etagenhäusern die Nachbarn vorwarnen – es wird laut, aber friedlich, denn es handelt sich ja nur um eine akustische Küstlichkeit.

Besonders gut dazu schmeckt Knoblauchbrot.
Getränke: Weißwein oder Bier.

1 Pfund Krabben pulen. Dazu benötigt man einen Daumen oder vier Mitesser. (Ein mittelguter Puler braucht für 1 Pfund Krabben etwa 30 Minuten.) Anmerkung für absolute Nichtpuler: In Cuxhaven wurde eine Krabbenpulmaschine erfunden.

Schalen auskochen, durch ein feines Sieb geben.
In den Sud einen Würfel Hummersuppe aus der Dose, etwas Salz und Cognac zum Abschmecken. Zuletzt die Krabben hineingeben.
Geschlagene Sahne – halbfest als Kringel – auf die in Portionen servierte Suppe setzen.

KRABBENSUPPE

MIT SEEGANG

FISCHSUPPE ACHTERN DIE

2 Pfund Fisch (alle Sorten, bis auf Hering und Makrelen)
1 bis 2 Langusten
2 Lorbeerblätter
1 bis 2 gehackte Zwiebeln
2 bis 3 gestiftelte Wurzeln
1 Bund Suppengemüse
4 bis 5 Tomaten

2 Liter Wasser mit dem Fisch, den Langusten, Gemüse und Lorbeer langsam aufkochen lassen. Schaum abschöpfen, 30 Minuten köcheln. Den Sud durch ein Sieb geben, mit 1/2 Liter herben Weißwein auffüllen, mit saurer Sahne, Safran, Cayenne-Pfeffer, Rosenpaprika und einer Prise Zucker abschmecken.
Eine handvoll frische Krabben, 1/2 Pfund frische Champignon
1 Dose Dänische Limfjord-Muscheln hineingeben.
Kochzeit ca. 1 Stunde.
Fisch und Langusten mit Aioli getrennt servieren.

Aioli: 4 Eigelb, 6 Zehen Knob lauch, Senf, Pfeffer, Zitronens Öl

Den gepreßten Knoblauch mi Senf, Eigelb, Zitronensaft, Sa und Pfeffer verrühren. Öl tropf weise unter ständigem Rühre hinzufügen, damit eine steife Masse entsteht. Öl immer we nachgießen, bis man die richt Menge erreicht hat.

Dazu Knoblauchbrot.

KNURRHÄHNE

Man nehme kleine fertig abgezogene Knurrhähne. Man bekommt sie zum Beispiel vom Glückstädter Kutter „Heike". Alle 14 Tage lohnt sich da ein Ausflug in den Hafen – nur etwa 50 Minuten von Hamburg (siehe Karte von Schleswig-Holstein).

Dann das Übliche, die drei „S": säubern – säuern – salzen.

Mit Thymian einreiben, in Mehl wälzen (man kann sie auch in einem Thymian-Mehl-Gemisch wälzen) und dann in reichlich Olivenöl knusprig braun braten.

Dazu Knoblauchbrot.
Nach Geschmack Weißwein oder Bier.

OHNE HEMD

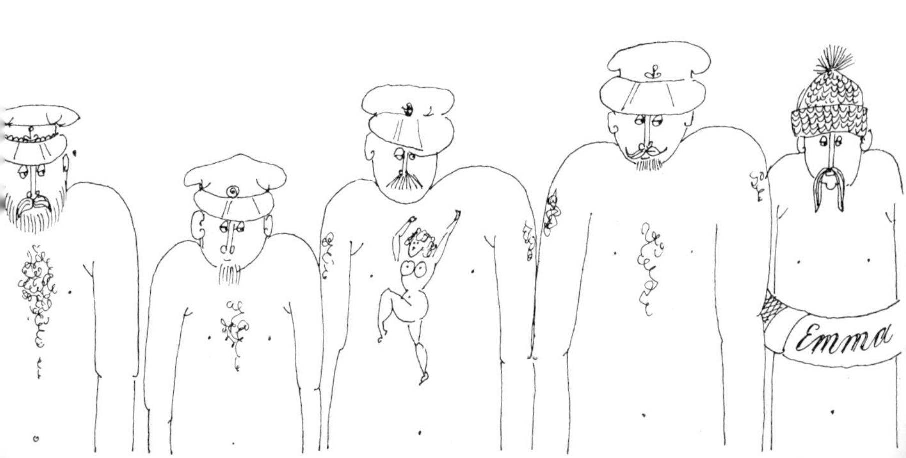

MATJESHAPPEN FÜR FISCHERCHÖRE UND PELLKARTOFFELN

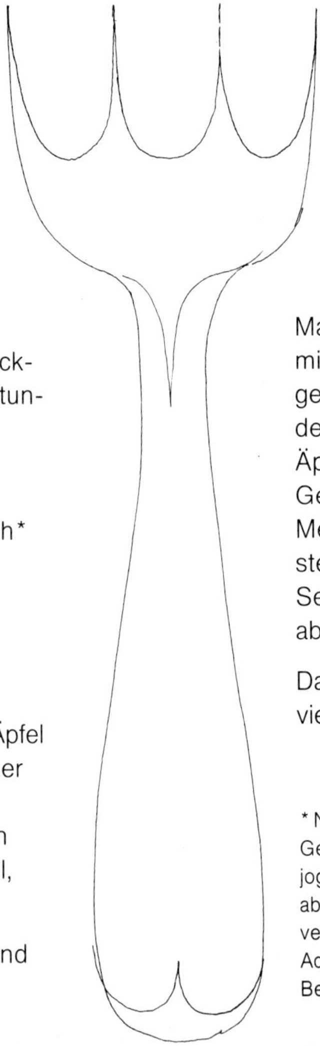

Zutaten:

10 Matjesfilets (Glückstädter, 5 bis 6 Stunden wässern, Holländer nicht wässern!)
1 Becher Dickmilch*
1 Becher Magerjoghurt*
2 Becher saure Sahne*
5 große Zwiebeln
2 säuerliche feste Äpfel
2 Eßlöffel Senfkörner
3 Lobeerblätter
10 Wacholderbeeren
2 Bund frischen Dill, Pfeffer, Zucker

Dickmilch, Sahne und Joghurt verrühren.

Matjes klein schneiden, mit den in Ringen geschnittenen Zwiebeln, den kleingeschnittenen Äpfeln und den Gewürzen hineintun. Mehrere Stunden stehen lassen. Vor dem Servieren mit Zucker abschmecken.

Dazu neue Pellkartoffeln, viel Bier und viel Aquavit.

* Nur mit Dickmilch leidet der Geschmack; nur Magerjoghurt ist sehr bekömmlich aber mager; nur saure Sahne verlangt nach noch mehr Aquavit und Nachtquartier. Besser von jedem etwas!

Man benötigt zunächst 2 1/2 Pfund Kabeljau, den man säubert, säuert und salzt.

Den Fisch in Salzwasser mit 2 Zwiebeln oder 1 bis 2 Teelöffel Fischgewürz gar kochen.
Aus dem Wasser nehmen, abkühlen lassen.
Das weiße Fischfleisch von Haut und Gräten lösen.

Sodann Fischfleisch, 1 Brötchen vom Vortag, eingeweicht und ausgedrückt, 1 bis 2 Zwiebeln, 1 Ei, Salz und Pfeffer, Kräuter nach Geschmack, durchkneten, Frikadellen formen, in Semmelbröseln wälzen und braun braten.

Dazu: Kartoffelsalat, gemischter grüner Salat, Bier.

BOOTSMANN DURCHGEDREHT

8 ganze grüne Heringe mit Milch oder Rogen besorgen. Außerdem benötigt man

1 Ei
65 Gramm Emmentaler
65 Gramm Semmelbrösel
Butter zum Braten

Heringe mit Rogen und Milch wässern, in mundgerechte Stücke schneiden und abtrocknen.
In Mehl wenden, in Ei-, Käse- und Semmelbröselgemisch panieren.
In Butter von allen Seiten goldgelb braten.

Dazu serviert man Kartoffelsalat und ein Pils.

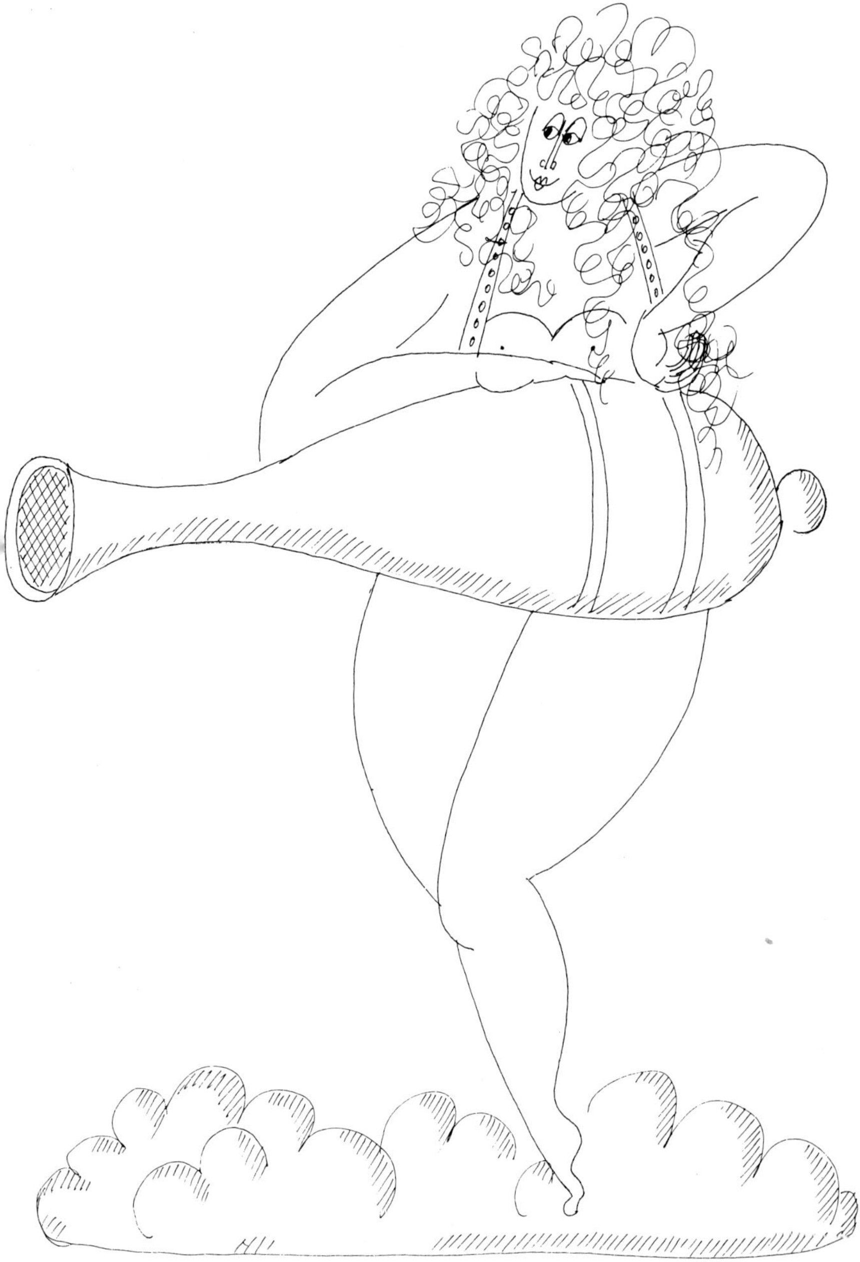

SEEMANNSSCHNITZEL MIT DUFTGARANTIE

Man benötigt einen Dorsch von etwa 4 Pfund.
Nach dem Enfernen von Kopf und Flossen wie immer 3 x S (säubern, säuern, salzen)! Den Fisch in dicke ca. 3 bis 4 cm dicke Scheiben schneiden.

Eine Marinade bereiten aus:
1/2 Liter Olivenöl
1/8 Liter herben Weißwein
4 Zehen Knoblauch
1 Bund Petersilie
3 Eßlöffel Essig
2 bis 3 Zwiebeln
Thymian, Salbei, Estragon, Zitronenmelisse, Dill.

Den Fisch hineinlegen. Ab und zu vorsichtig wenden, so daß alles gut durchzieht.
Mindestens 5 Stunden ziehen lassen. Fisch herausnehmen und abtropfen lassen. In reichlich Olivenöl braun braten.
Dazu schmeckt knuspriges Weißbrot, trockner Weißwein und (als Beilage) Meerrettichsahne.

GUT GEREUST IST HALB GEAALT

3 Pfund kleine Aale
40 Gramm Margarine
1 Kilogramm Kartoffeln
1/2 Liter Milch
1 Zwiebel
1/2 Teelöffel Salz

Die Aale ausgenommen kaufen oder vom Kutter holen und ausnehmen lassen. Mit Haut in Stücke schneiden. Bei großen Aalen die Haut entfernen. Die Stücke in der Margarine goldbraun braten, aus der Pfanne nehmen und warm stellen.

Pellkartoffeln kochen, Milch zum Kochen bringen. Zwiebel hacken und mit Salz in die Milch geben, unter Rühren einmal aufkochen lassen. Kartoffelscheiben in die Milch geben, kochen lassen, bis die Milch sämig wird. Petersilie über die Kartoffeln streuen.

Und gut gekühlten Aquavit bereithalten. Prost.

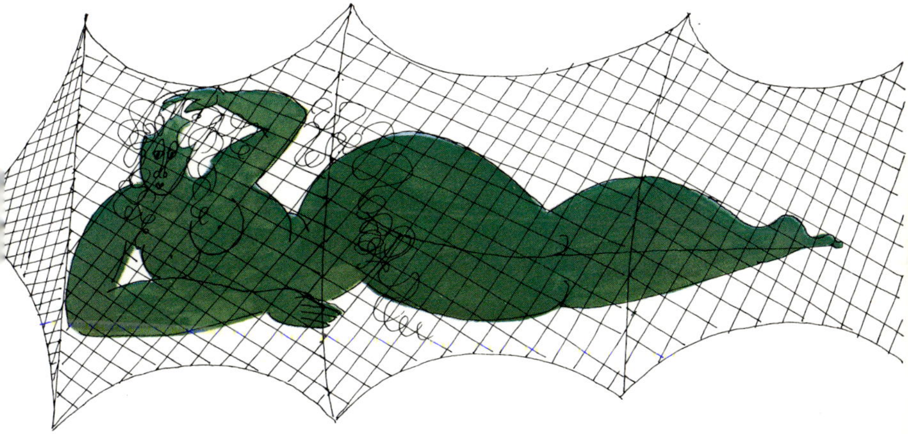

BROT MIT WOLKE

(für Leute mit Selbstbewußtsein und Hang zu persönlicher Duftnote)

Ein Weißbrot scheibenweise anschneiden, so daß der Boden geschlossen bleibt.
Weiche Butter mit Salz und gepreßten Knoblauchzehen – Menge nach Geschmack – verrühren und zwischen die Scheiben streichen.
Das so gefüllte Brot in Alufolie wickeln und ca. 30 Minuten bei 150 bis 200° überbacken.
Warm servieren.

Dazu schmecken Rotwein, Salat, Krabben und allerlei anderes Fischiges.

MATROSEN • IM UMSCHLAG •

Zutaten für 4 Personen:
500 Gramm Fischfilet
$1/2$ Liter Fleischbrühe (aus dem Glas)
$1/2$ Zitrone in Scheiben
1 Zwiebel
Lorbeerblätter, Pfefferkörner
1 Eßlöffel Anchovispaste
2 Gewürzgurken, feingehackt
1 Zwiebel, feingehackt
2 Eßlöffel Mayonnaise
gehackter Dill oder Estragon
8 Scheiben gefrorener Blätterteig
1 Eigelb, 1 Eiweiß

Das Fischfilet in einer Brühe mit der Zitrone, der Zwiebel, Lorbeerblättern und Pfefferkörnern 15 Minuten ziehen lassen. In der Brühe erkalten lassen. Dann herausnehmen und zerdrücken. Die restlichen Zutaten zugeben, abschmecken. Die Blätterteigscheiben antauen lassen, dann die Füllung auf je eine Hälfte der Teigplatten setzen. Die Ränder mit Eiweiß bestreichen. Teig über die Füllungen klappen und andrücken. Die Teigtaschen mit Eigelb bestreichen und im vorgeheizten Backofen (225°) 15 Minuten backen.
Getränke dazu: Aquavit und Bier oder trockner Weißwein.

MATJESBROT & GRÜNE WIESE

Zutaten für 4 Scheiben:
2 Scheiben Vollkornbrot
50 Gramm Butter
4 Salatblätter
1 Becher saure Sahne (fest)
2 Bund Dill
4 Matjesfilets

Das Brot buttern und halbieren. Die Salatblätter in der Mitte der Rippe brechen und in die Butter drücken. Die Sahne mit dem gehackten Dill mischen. Dabei vier große Dillzweige zur Dekoration zurückbehalten. Einen Teil der Dillsahne auf die Salatblätter geben, dann die Matjesfilets auf die Brote drapieren. Darauf setzt man weitere Tupfer saure Sahne und dekoriert mit dem Dillzweig.

BUTT MIT STEINSCHLAG

4 Pfund Steinbutt in Scheiben geschnitten
2 Zwiebeln
1 Lorbeerblatt
10 Pfefferkörner
1 gestrichener Teelöffel Senfkörner
4 Eßlöffel Essig
125 Gramm Butter
1 Bund Petersilie
750 Gramm Kartoffeln
1 Zitrone

Steinbutt waschen und trocken tupfen. Zwiebeln schälen, vierteln und dem Lorbeerblatt, den Pfefferkörnern und den Senfkörnern in einen Topf geben. Die Wassermenge so bemessen, daß der Fisch gerade bedeckt ist. Salz und Essig zugeben, 10 Minuten kochen lassen. Dann die Steinbuttscheiben in das kochende Wasser geben und 20 Minuten ziehen lassen. Die zerlassene Butter wird zum Fisch und den gekochten, mit Petersilie bestreuten Kartoffeln serviert.

4 Schollen
1 Zitrone
1 Teelöffel Salz
4 Eßlöffel Mehl
125 Gramm fetter geräucherter Speck
1/2 Zitrone in Achteln

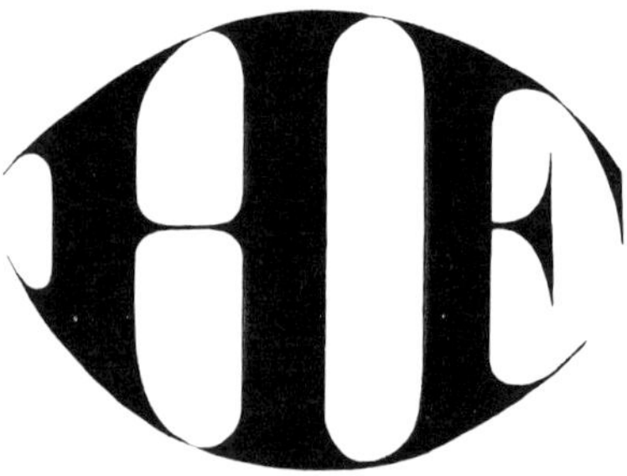

SCHOLLE IST NOT

Die Schollen säubern, mit Zitrone säuern, 10 Minuten ziehen lassen und dann salzen. In Mehl wenden. Speck würfeln, in der Pfanne ausbraten. Die Speckwürfel herausnehmen und warm stellen. Die Schollen in dem heißen Speckfett von beiden Seiten goldbraun braten. Nach Geschmack mit Zitrone beträufeln. Anschließend Scholle mit ausgebratenen Speckwürfeln und (nicht zu fettem) Kartoffelsalat servieren. Ein grüner Salat tut's auch – und auch hier den Aquavit nicht vergessen!

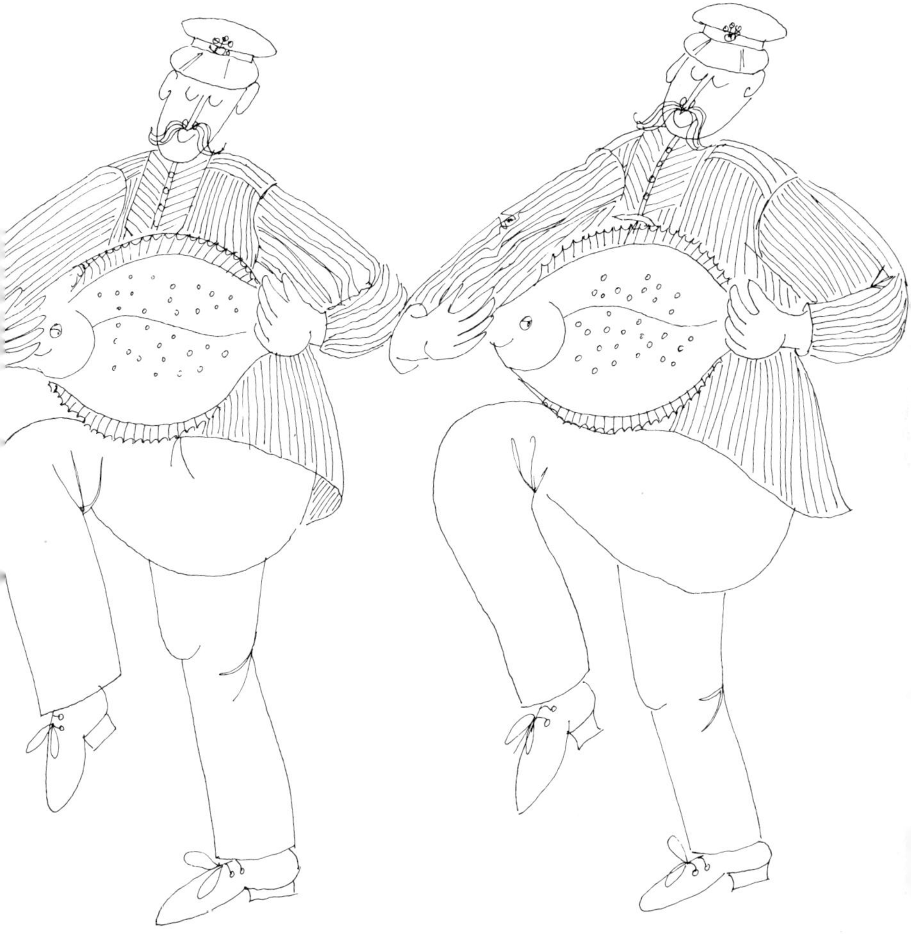

BLAUE JUNGS & GRÜNE BOHNEN

'utaten
ür 4 Portionen:

; Matjesfilets
/8 Liter Milch
Kilogramm
.artoffeln
Kilogramm
rüne Bohnen
;ohnenkraut
;alz
50 Gramm durch-
'achsener Speck
Zwiebel
Teelöffel Öl

Die Matjesfilets, wenn nötig, über Nacht in Milch und Wasser einlegen, damit sie mild werden. Vor dem Essen die Kartoffeln ungeschält 20 Minuten kochen, abschrecken. Die Bohnen putzen und mit Bohnenkraut und Salz ebenfalls 20 Minuten kochen. Speck und Zwiebel würfeln, beides in Öl anbraten und langsam auslassen. Kurz vor dem Essen die Matjes abtropfen lassen und mit Küchenpapier trocken tupfen. Auf zerschlagenem Eis servieren. Dazu die Pellkartoffeln, die man bei Tisch pellt, und die abgegossenen Bohnen. Zu allem reicht man den heißen, ausgelassenen Speck. Dazu paßt am besten Bier und ein eisgekühlter Aquavit.

LOCKER VOM LOGGER

4 Heringe (mit Milch)
2 Zwiebeln
2 Äpfel
2 Eßlöffel Butter
1/4 Liter saure Sahne
1 Eßlöffel Öl
1 Eßlöffel Tomatenmark
Senf, Pfeffer, Zucker, Zitronensaft.

Die Loggerheringe locker filetieren, die Filets wässern, die Milch beiseite stellen. Filets in Streifen schneiden, Zwiebeln und Äpfel in Scheiben schneiden. Zwiebelscheiben in Butter goldgelb dünsten und mit Äpfel und Heringen in eine Schüssel geben. Die Heringsmilch durch ein Sieb drücken und mit allen anderen Zutaten vermischen. Über die Heringe gießen und 24 Stunden kalt ziehen lassen. Zu Pellkartoffeln und Aquavit servieren.

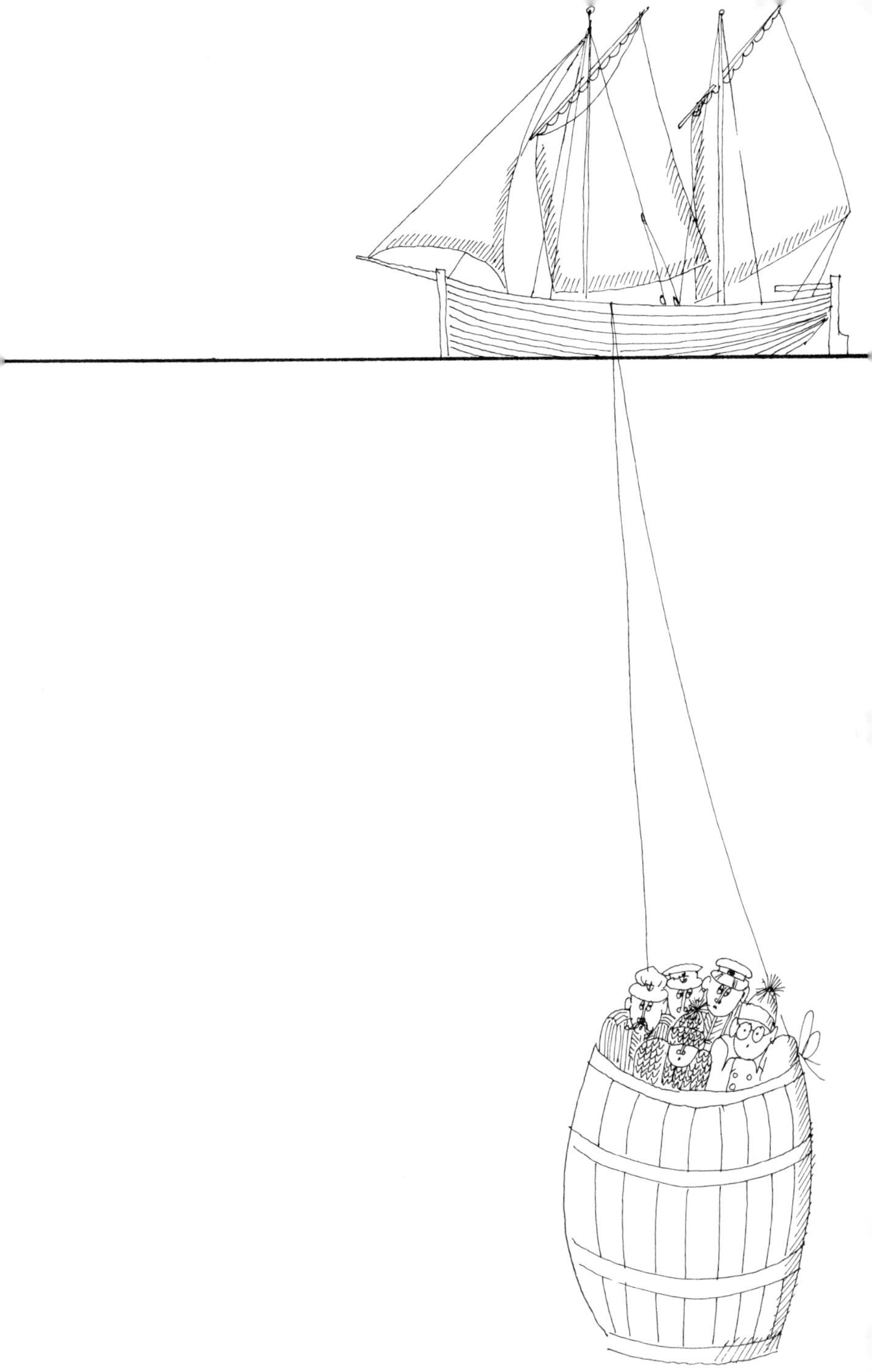

SCHELL-FISCH POSTEN

3 Pfund Fisch
2 Eßlöffel Öl
2 Eßlöffel Butter

Geriebene Zwiebel, Pfeffer, Petersilie, Knoblauch, Thymian, Salz mit einigen Eßlöffeln Burgunder und 1 Teelöffel Tomatenmark verrühren.

Den Fisch in fingerbreite Stücke zerteilen, mit Zitrone und Salz einreiben, kurz ziehen lassen, dann mit der Mischung spicken. Dazu mit dem Messer flach in das Fleisch stechen, mit dem Teelöffel etwas von der Mischung hineindrücken und das Fleisch schließen. Mit dem Rest die Fischstücke bestreichen.

Nun brät man sie in dem heißen Öl von beiden Seiten 1 bis 2 Minuten und legt sie in eine Kasserolle. Darin mit zerlassener Butter begießen, in den Backofen stellen, bis sie fast gar sind. Man schüttet dann den Wein mit dem verrührten Mark darüber und dünstet alles damit auf.

Dazu Salzkartoffeln oder Reis.

EIGENES

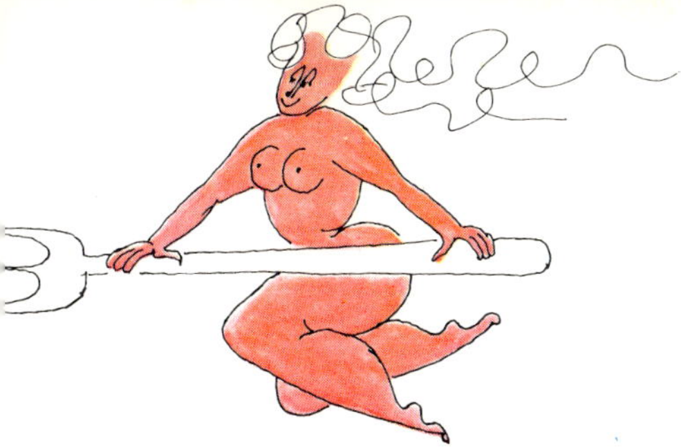

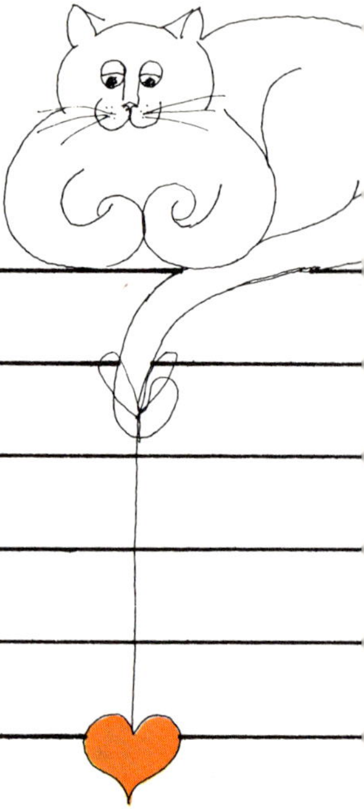

Maren Schaffner, 1941 in Hamburg geboren, hat zwei Töchter (Kerrin und Telse), drei Katzen (Pussy, Wilhelm und Johannes†) und einen ungarischen Hirtenhund (Anjuschka, genannt Anna). Sie wohnt hinterm Deich bei Glückstadt und ist dortselbst bei jedem Wetter mit Anna auf der höchsten Erhebung in der Marsch anzutreffen.

Maren Schaffner ist – nach einer Ausbildung als Gebrauchsgrafikerin – mit Herz und Verstand Malerin. Ihre Arbeiten sind ständig ausgestellt in der Galerie „Atelier Mensch" (Krayenkamp 10, 2000 Hamburg 11), die freundlicherweise die Originale zur Reproduktion in diesem Buch zur Verfügung gestellt hat.